AGNÈS ROSENSTIEHL

MON PREMIER
ALPHABET

LAROUSSE

a

a

ISBN 2-03-051422-5

B b

B b

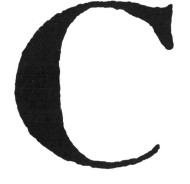

D d

D d

E

e

e

e

G

g

G

g

I i

Ij i

K k

K k

L
l

L
ℓ

M

m

M

N

n

$\mathcal{N}$

n

P p *P*

Q q

G q

R

r

R

r

S s 𝒴

T

t

ȶ

U

u

U

W X Y Z

w x y z

W X Y Z

w x y z

A, arbre, arc-en-ciel, affiches, avion, ananas, artichaut, arc, anémones, arrosoir, anorak, assiette, abricots

B, berceau, bébé, banc, bonnet, banane, broche, bracelet, bol, barrette, baskets, biberon, balai, bouilloire, bouquet, brouette, ballon, bilboquet, bretelles, bottes, bateau, boutons, blouse, brosse

C, cerises, citrons, ciseaux, ceinture ; confiture, cruche, coucous, cloché, cuisine, café, calendrier, canard, cornichons, carafe, cafetière, compotier, carreaux, casserole, couteau, cuisinière, cuiller, crêpes, camembert, crochets, collant, cuvette, carottes, concombres, camion, cartables, casquette, cahier, colle, crayon, culotte, cubes, col, cartes; chocolat, chou-fleur, chemise, chaussons, chaussures, chaussettes, chat, chien, champignons

D, dessin, dromadaire, drap, désert, dunes, désert, dentelle, dentifrice, déjeuner, domino, dodo, divan, damier, disques, dattes, djellaba, déguisements, drapeaux

E, escabeau, écharpe, échelle, espadrilles, écossais, épingle, escargots .

F, fenêtre, forêt, fleurs, feu, feuilles, fagot, ficelle, fauteuil, flûte, fusil, flèche, framboises, fraises, foulard, filets

G, galerie, glaces, grimaces, gâteaux, gaufre, glace, géant, guéridon, gants

H, herbe, hamacs, hérisson, hache

I, île, indien, infirmière, iris

J, jardin, jet-d'eau, jouets, jumelles, journal, jongleur, jonchet, jacinthes, jupon, jupe, jeux

K, kimonos, kangourous, képis, karaté

L, lit, licorne, livre, lunettes, lapin, lion, locomotive, loto, lézard, lampe

M, mer, maison, mouton, moto, marteau, moules, marionnette, masque, marelle, marin, mûres, mocassin, mouchoir, myosotis, marguerites, moulin à musique à manivelle

N, nappe, nouilles, narcisses, noix, nuages, neige, noeud, natte

O, oreiller, orange, orties, olives, oignons, ...

P, p...
plac ch...
papillo...
primvè...
poulet, ...
pêches, pépins, patins, plume, pantalon, pêcheur, poissons, pipe, poupée, peigne, paquet, pied, plateau, petit pont, poule, parapluie, peinture, palmier, pinceau, papier, perles

Q, quatre, quilles, quai

R, rideau, râteau, raquette, robe rose, ruban rouge, roses, rayures, raisin, radis, réveil, roi, reine

S, soleil, sable, soutien-gorge, seau, sapin, short, sucette, sabots, seiches, serviette, slip, sifflet, sparadrap, sandales, sirop, sucre, saucisson, salade, sandwich, sardines, sac

T, tableau, tour, téléphone, télévision, tigre, thermomètre, timbre, tulipes, tablier, tache, tresse, tarte, tricot, tétine, tartines, torchon, timbale, ticket, tire-bouchon, tirelire, théière, trois tasses de thé, tomates, table, tiroir, tapis, tricycle, tambour, tortue, trompette, tank, tabouret, train, tunnel, tente, toupie, tee-shirt, trou (aux chaussettes)

U, usine, uniforme

...

Y, yaourts,

Z, zèbre

Imprimerie du Bélier, Maisons-Alfort. — Septembre 1977 — Dépôt légal 1977 - 3e — N° de série Éditeur 9974
IMPRIMÉ EN FRANCE (Printed in France) 51422-E-3-80.